YOUR KNOWLEDGE HAS VALUE

Bibliographic information published by the German National Library:

The German National Library lists this publication in the National Bibliography; detailed bibliographic data are available on the Internet at http://dnb.dnb.de .

Imprint:

Copyright © 2016 GRIN Verlag
Print and binding: Books on Demand GmbH, Norderstedt Germany
ISBN: 9783346109309

This book at GRIN:

https://www.grin.com/document/512959

Rafael Mattos

Utilizando práticas do guia PMBOK® conciliadas a uma metodologia ágil para gerenciar projetos de desenvolvimento de softwares de pequeno porte

GRIN Verlag

GRIN - Your knowledge has value

Since its foundation in 1998, GRIN has specialized in publishing academic texts by students, college teachers and other academics as e-book and printed book. The website www.grin.com is an ideal platform for presenting term papers, final papers, scientific essays, dissertations and specialist books.

Visit us on the internet:

http://www.grin.com/

http://www.facebook.com/grincom

http://www.twitter.com/grin_com

RAFAEL MENDES DE MATTOS

UTILIZANDO PRÁTICAS DO GUIA PMBOK® CONCILIADAS A UMA METODOLOGIA ÁGIL PARA GERENCIAR PROJETOS DE DESENVOLVIMENTO DE SOFTWARES DE PEQUENO PORTE

Trabalho apresentado ao curso MBA em Gerenciamento de Projetos, Pós-Graduação *lato sensu*, Nível de Especialização, do Programa FGV Management da Fundação Getúlio Vargas, como pré-requisito para a obtenção do Título de Especialista.

Recife – PE

2016

FUNDAÇÃO GETULIO VARGAS

PROGRAMA FGV MANAGEMENT

MBA EM GERENCIAMENTO DE PROJETOS

O Trabalho de Conclusão de Curso, **UTILIZANDO PRÁTICAS DO GUIA PMBOK® CONCILIADAS A UMA METODOLOGIA ÁGIL PARA GERENCIAR PROJETOS DE DESENVOLVIMENTO DE SOFTWARES DE PEQUENO PORTE,** elaborado por Rafael Mendes de Mattos e aprovado pela Coordenação Acadêmica, foi aceito como pré-requisito para a obtenção do certificado do Curso de Pós-Graduação *lato sensu* MBA em Gerenciamento de Projetos, Nível de Especialização, do Programa FGV Management.

Local e Data da Aprovação: _____

Dedico este trabalho à minha família.

Agradeço à Deus por ter me dado esta oportunidade de absorver novos conhecimentos.

Resumo

Este trabalho tem o principal intuito indicar quais processos do guia PMBOK® (5ª edição do PMI) podemos utilizar conciliadas a uma metodologia ágil, que neste trabalho foi escolhido o Scrum, em projetos de desenvolvimento de softwares de pequeno porte, evidenciando que um complementa o outro, pois, ao mesmo tempo que este tipo de projeto normalmente se enquadra mais com metodologias ágeis, vemos que estas metodologias carecem de alguns processos, que podem ser absorvidos do guia PMBOK, mantendo integro os valores da metodologia ágil.

Palavras Chave: Gerenciamento de projetos. PMBOK. PMI. Scrum. Metodologia ágil. Desenvolvimento de software.

Abstract

This work has the main purpose to indicate which PMBOK® Guide's processes, 5th edition of PMI, we can use with an agile methodology (for this study we choose Scrum), evidencing that one complements the other, because, while this type of project fits more with agile, we see that these methodologies do not have some processes, which we can get from PMBOK® Guide, keeping the core values of agile methodology.

Key Words: Project management. PMBOK. PMI. Scrum. Agile methodology. Software Development.

LISTA DE FIGURAS

SUMÁRIO

1. INTRODUÇÃO

1.1 Problema

Quais práticas do guia PMBOK® podemos conciliar com uma metodologia ágil para gerenciar projetos de desenvolvimento de softwares de pequeno porte?

1.2 Justificativa/Relevância

Em projetos de desenvolvimento de softwares de pequeno porte normalmente é utilizado uma metodologia ágil, onde este trabalho irá explicar o motivo nos próximos tópicos. Porém, essas metodologias carecem de alguns processos para determinadas áreas de conhecimento, que é outro tópico que iremos abordar neste trabalho, indicando ao leitor quais processos descritos no guia PMBOK® (5ª edição do PMI) podemos usar para complementar o framework ágil.

1.3 Objetivo geral

Este trabalho tem o principal intuito evidenciar que utilizando alguns processos do guia PMBOK® podemos agregar valor no gerenciamento de projetos de desenvolvimento de softwares de pequeno porte, que normalmente são gerenciados por metodologias ágeis.

1.4 Objetivos específicos

- Apresentar o que é o gerenciamento de projetos.

- Apresentar como estão divididos os 47 processos no guia PMBOK® (5ª edição do PMI), entrando no detalhe apenas de alguns dos processos.

- Apresentar o que foi o Manifesto Ágil.

- Apresentar a metodologia Scrum.

- Identificar o relacionamento das práticas do Scrum com as do guia PMBOK® (5ª edição do PMI), indicando os processos do guia que podem agregar valor no gerenciamento de projetos de software de pequeno porte que utilizam Scrum.

- Identificar como os processos do guia PMBOK® que foram escolhidos devem ser aplicados no Scrum e quem é o responsável pela execução dos mesmos.

1.5 Metodologia

A pesquisa será do tipo qualitativa, onde não será utilizado método estatístico e sim analise de textos por meio de interpretação.

A tipificação quanto aos fins será descritiva, pois iremos realizar uma análise comparativa em cima de processos e metodologias já existentes, e aplicada, pois iremos resolver o problema da falta de processos em algumas áreas específicas que não abordadas pelo Scrum.

A tipificação quanto aos meios será documental e bibliográfica, desenvolvida com base em materiais acessíveis ao público em geral.

2

1.6 Forma de desenvolvimento do trabalho

No primeiro capítulo do desenvolvimento do trabalho estarei apresentando, de forma breve, o que é o gerenciamento de projetos.

No segundo capítulo estarei apresentando os 47 processos abordados pelo guia PMBOK® (5ª edição do PMI), sendo que de forma resumida, explicando apenas quais são e de que forma eles estão distribuídos no guia, para que o leitor saiba os temas que ele terá suporte neste livro, pois nosso foco não é entrar no detalhe de todos os processos do PMBOK®, e sim detalhar apenas alguns deles, que são os que iremos indicar para serem utilizadas junto ao Scrum, evidenciando como podem agregar valor na metodologia ágil.

No terceiro capítulo estarei apresentando o que foi o Manifesto Ágil e explicando sua influência na área do gerenciamento de projetos de desenvolvimento de softwares.

No quarto capítulo estarei apresentando a metodologia Scrum de forma detalhada, pois neste estudo a metodologia ágil será a engrenagem principal para a gestão do projeto.

No quinto capítulo estarei fazendo um relacionamento das práticas do guia PMBOK® (5ª edição do PMI) com as do Scrum, onde, de acordo com os estudos realizados e experiências profissionais obtidas atuando na área de desenvolvimento de softwares, estarei identificando os processos do PMBOK® que não existem no Scrum e que podem agregar valor caso seja conciliado.

No sexto e último capítulo, estarei orientando, também numa visão pessoal, como ele deve ser estruturado nos ciclos de vida da metodologia ágil e apontando quem é o responsável pelas atividades.

2. DESENVOLVIMENTO

2.1 O gerenciamento de projetos

De acordo com o Project Management Institute (PMI), que é a maior associação sem fins lucrativos do mundo para profissionais de gerenciamento de projetos, projeto é:

"[...] um conjunto de atividades temporárias, realizadas em grupo, destinadas a produzir um produto, serviço ou resultado únicos.

Um projeto é temporário no sentido de que tem um início e fim definidos no tempo, e, por isso, um escopo e recursos definidos.

E um projeto é único no sentido de que não se trata de uma operação de rotina, mas um conjunto específico de operações destinadas a atingir um objetivo em particular. Assim, uma equipe de projeto inclui pessoas que geralmente não trabalham juntas – algumas vezes vindas de diferentes organizações e de múltiplas geografias.

O desenvolvimento de um software para um processo empresarial aperfeiçoado, a construção de um prédio ou de uma ponte, o esforço de socorro depois de um desastre natural, a expansão das vendas em um novo mercado geográfico – todos são projetos.

E todos devem ser gerenciados de forma especializada para apresentarem os resultados, aprendizado e integração necessários para as organizações dentro do prazo e do orçamento previstos. "

Disponível em: <https://brasil.pmi.org/brazil/AboutUs/WhatIsProjectManagement.aspx>.

Acesso em: 05 jun. 2016.

De acordo com o PMI, gerenciamento de projetos é:

"[...] a aplicação de conhecimentos, habilidades e técnicas para a execução de projetos de forma efetiva e eficaz. Trata-se de uma competência estratégica para organizações, permitindo com que elas unam os resultados dos projetos com os objetivos do negócio – e, assim, melhor competir em seus mercados.

Ele sempre foi praticado informalmente, mas começou a emergir como uma profissão distinta nos meados do século XX. "

Disponível em: <https://brasil.pmi.org/brazil/AboutUs/WhatIsProjectManagement.aspx>.

Acesso em: 05 jun. 2016.

2.2 O Guia PMBOK®

O Guia PMBOK® (Project Management Body of Knowledge) foi criado pelo PMI (Project Management Institute). Ele não é uma metodologia e sim um conjunto de boas práticas, onde os usuários devem utilizar as que mais se adequem a seus processos, sem necessidade de utilizar todos.

Em janeiro de 2013 o PMI publicou "Um Guia do Conjunto de Conhecimentos em Gerenciamento de Projetos (Guia PMBOK®) - Quinta Edição", que é a versão mais recente.

A próxima edição deve estar sendo publicada entre 2017 e 2018, pois eles fazem a revisão do Guia PMBOK® a cada 5 anos.

Na quinta edição, são 47 processos distribuídos em cinco grupos de processos e dez áreas de conhecimento. Nos textos abaixo irei passar informações sobre cada um dos grupos de processos e áreas de conhecimento, e apresentar como os 47 processos estão distribuídos no guia.

2.2.1 Guia PMBOK® - Grupos de processos:

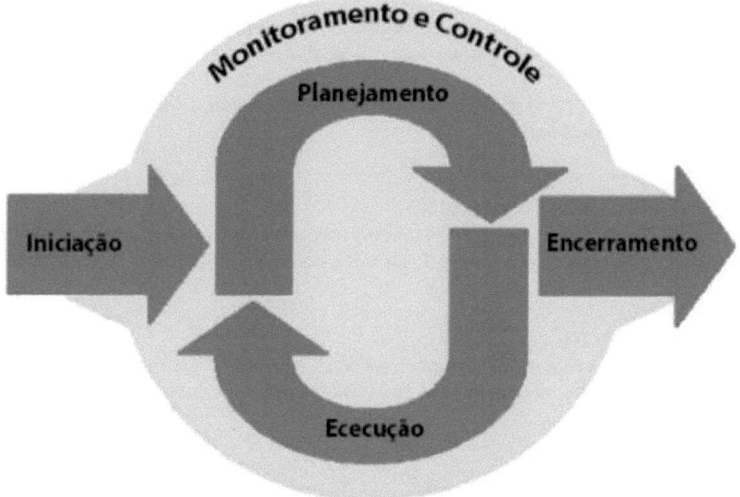

Figura 1: Grupos de processos do Guia PMBOK® 5ª edição.
Disponível em: <https://www.profissionaisti.com.br/2014/09/voce-conhece-o-guia-pmbok/>.
Acesso em: 05 jun. 2016.

INICIAÇÃO

Este grupo possui os processos responsáveis por gerar os seguintes artefatos: O Termo de
Abertura (TAP), que formaliza o início do projeto, definindo o escopo inicial, e a
Identificação das Partes Interessadas, que mapeia todos os envolvidos no projeto, incluindo
tanto os que podem afetar como os que podem ser afetados pelo projeto.

PLANEJAMENTO
Este grupo possui processos que irão definir escopo, tempo e custo do projeto, identificar
riscos, e planejar como será gerenciada cada área de conhecimento, onde o resultado deste
planejamento é o PGP (Plano de Gerenciamento do Projeto).
O Planejamento do projeto está presente em todas as fases, pois na medida que o projeto vai
evoluindo, mais informações vão sendo coletadas e os artefatos gerados vão sendo
atualizados.

EXECUÇÃO

Este grupo possui processos responsáveis por executar o trabalho definido no plano de gerenciamento do projeto, tal como: mobilizar, desenvolver e orientar a equipe, conduzir as aquisições (terceirizações), validar a qualidade dos produtos resultantes e atualizar as partes interessadas.

É aqui que a maior parte do orçamento será utilizada e onde a maioria dos artefatos serão atualizados/modificados.

MONITORAMENTO E CONTROLE

Este grupo possui processos que orientam a medir o progresso e o desempenho do projeto, identificar as áreas que precisarão de ajustes e colocar em prática as mudanças necessárias.

ENCERRAMENTO

Este grupo possui processos que encerram formalmente o projeto, finalizando as aquisições e as demais atividades, documentando as lições aprendidas e coletando os aceites.

2.2.2 Guia PMBOK® - Áreas de conhecimento:

Figura 2: Áreas de conhecimento do Guia PMBOK® 5ª edição.
Disponível em: <http://linksinergia.com.br/2014/07/02/gerenciamento-de-projetos-baseados-no-pmbok-introducao/>.
Acesso em: 05 jun. 2016.

INTEGRAÇÃO
Esta área possui processos responsáveis por identificar, definir, combinar, unificar e coordenar as outras diversas atividades de gerenciamento de projetos abordados no Guia PMBOK®.

ESCOPO
Esta área possui processos responsáveis por assegurar que o projeto inclua todo o trabalho necessário e somente o trabalho necessário para concluir o projeto com sucesso, definindo inclusive o escopo negativo (o que não vai ser feito).

CUSTOS
Esta área possui processos de estimativa, orçamento e controle dos custos, onde o intuito é fazer com que o projeto seja finalizado dentro do orçamento aprovado.

QUALIDADE
Esta área possui processos relacionados as políticas de qualidade, onde o intuito é fazer com que o projeto satisfaça às necessidades acordadas.

8

AQUISIÇÕES

Esta área possui os processos necessários para comprar ou adquirir produtos ou serviços (terceirizações) e realizar o gerenciamento de contratos.

RECURSOS HUMANOS

Esta área possui os processos que organizam a equipe do projeto, tal como mobilizar, desenvolver e gerenciar a equipe.

COMUNICAÇÕES

Esta área possui os processos que orientam como as informações do projeto devem ser geradas, coletadas, distribuídas, armazenadas, recuperadas e organizadas.

RISCO

Esta área possui processos voltados para os riscos, tal como identificar, analisar, responder e monitor. Lembrando que um risco pode ser uma ameaça ou uma oportunidade, onde o objetivo do gerenciamento de riscos é aumentar a probabilidade e o impacto para as oportunidades e diminuir ou eliminar para as ameaças.

TEMPO

Esta área possui processos necessários para estimar as atividades, recursos e durações, com o intuito de fazer com que possamos controlar o cronograma.

PARTES INTERESSADAS (stakeholders)

Esta área possui os processos de identificação, planejamento, engajamento e gerenciamento das partes interessadas, onde o objetivo é gerenciar as expectativas das partes interessadas, aumentando o comprometimento dos stakeholders com o projeto.

2.2.3 Guia PMBOK® - Processos:

Segue uma imagem que ilustra todos os processos descritos nesta edição, agrupados em seus respectivos grupos e áreas, onde o número que precede o processo é o capítulo que ele se encontra no guia:

Áreas de Conhecimento	Grupos de Processos do Gerenciamento de Projetos - Guia PMBOK® 5ª Edição				INFRA|WISE
	Iniciação	Planejamento	Execução	Monitoramento e Controle	Encerramento
4. Gerenciamento da Integração	4.1 Desenvolver o Termo de Abertura do Projeto	4.2 Desenvolver o Plano de Gerenciamento do Projeto	4.3 Orientar e Gerenciar a Execução do Projeto	4.4 Monitorar e Controlar o Trabalho do Projeto 4.5 Realizar o Controle Integrado de Mudanças	4.6 Encerrar o Projeto ou Fase
5. Gerenciamento do Escopo		5.1 Planejar o Gerenciamento do Escopo 5.2 Coletar os Requisitos 5.3 Definir o Escopo 5.4 Criar a EAP		5.5 Validar o Escopo 5.6 Controlar o Escopo	
6. Gerenciamento do Tempo		6.1 Planejar o Gerenciamento do Cronograma 6.2 Definir as Atividades 6.3 Sequenciar as Atividades 6.4 Estimar os Recursos das Atividades 6.5 Estimar as Durações das Atividades 6.6 Desenvolver o		6.7 Controlar o Cronograma	
7. Gerenciamento dos Custos		7.1 Planejar o Gerenciamento dos Custos 7.2 Estimar os Custos 7.3 Determinar o Orçamento		7.4 Controlar os Custos	
8. Gerenciamento da Qualidade		8.1 Planejar o Gerenciamento da qualidade	8.2 Realizar a Garantia da Qualidade	8.3 Controlar a Qualidade	
9. Gerenciamento dos Recursos Humanos		9.1 Planejar o Gerenciamento dos Recursos Humanos	9.2 Mobilizar a Equipe do Projeto 9.3 Desenvolver a Equipe do Projeto 9.4 Gerenciar a Equipe do Projeto		
10. Gerenciamento das Comunicações		10.1 Planejar o Gerenciamento das Comunicações	10.2 Gerenciar as Comunicações	10.3 Controlar as Comunicações	
11. Gerenciamento dos Riscos		11.1 Planejar o Gerenciamento dos riscos 11.2 Identificar os Riscos 11.3 Realizar a Análise Qualitativa dos Riscos 11.4 Realizar a análise Quantitativa dos Riscos 11.5 Planejar as Respostas aos Riscos		11.6 Monitorar e Controlar os Riscos	
12. Gerenciamento das Aquisições		12.1 Planejar as Aquisições	12.2 Conduzir as aquisições	12.3 Administrar as Aquisições	12.4 Encerrar as Aquisições
13. Gerenciamento das Partes Interessadas	13.1 Identificar as Partes Interessadas	13.2 Planejar o Gerenciamento das Partes Interessadas	13.3 Gerenciar o Engajamento das Partes Interessadas	13.4 Controlar o Engajamento das Partes Interessadas	

Figura 3: Processos do Guia PMBOK® 5ª edição.
Disponível em: <https://www.profissionaisti.com.br/2014/09/voce-conhece-o-guia-pmbok/>.
Acesso em: 05 jun. 2016.

2.3 Manifesto Ágil

Em 2001, dezessete pessoas se reuniram para debater sobre os novos métodos de desenvolvimento de software que começavam a surgir, inicialmente conhecidos como "métodos leves" (Lightweight Methods), pois iam em sentido contrário aos métodos convencionais já existentes, que tinham como característica a grande quantidade de documentações geradas.

Em geral, o objetivo dos convencionais, era ter um método genérico, para atender qualquer tipo de projeto, e bem detalhado, definindo uma grande quantidade de atividades, papéis e artefatos, onde acabavam sendo mais adequados a equipes grandes e projetos complexos, que existia a necessidade de uma documentação mais detalhada possível para diminuir a probabilidade dos riscos. Um exemplo deste tipo de método, que já é bem conhecido no mercado de software, é o RUP (Rational Unified Process).

Já os "métodos leves" que estavam surgindo, em geral, o objetivo era fazer com que possamos estar constantemente entregando funcionalidade, antes do fim do projeto, gerando uma maior interação entre membros da equipe e clientes.

Ambos possuem vantagens e desvantagens. O que deve ser feito é analisar onde será aplicado: complexidade do projeto, tamanho da equipe, restrições de prazo e custo, entre outros.

Esses dezessete envolvidos assinaram um simbólico documento chamado "Manifesto for Agile Software Development" (Manifesto Ágil) e começaram um estudo para encontrar abordagens mais simples e eficientes para o desenvolvimento de softwares. O Manifesto foi uma revolução no gerenciamento de projetos de software, onde influenciou a criação e aperfeiçoamento de várias metodologias, da qual uma delas é a Scrum, que é a metodologia ágil que iremos falar neste estudo.

O manifesto para o desenvolvimento ágil de software contém quatro valores fundamentais:

"**Indivíduos e interações** mais que processos e ferramentas
Software em funcionamento mais que documentação abrangente
Colaboração com o cliente mais que negociação de contratos
Responder a mudanças mais que seguir um plano
Ou seja, mesmo havendo valor nos itens à direita, valorizamos mais os itens à esquerda. "

(Beck et all., 2001).
Disponível em: <http://www.agilemanifesto.org/iso/ptbr/>.
Acesso em: 01 mai. 2016.

Nele também constam 12 princípios, que são:

"Nossa maior prioridade é satisfazer o cliente através da entrega contínua e adiantada de software com valor agregado.

Mudanças nos requisitos são bem-vindas, mesmo tardiamente no desenvolvimento. Processos ágeis tiram vantagem das mudanças visando vantagem competitiva para o cliente.

Entregar frequentemente software funcionando, de poucas semanas a poucos meses, com preferência à menor escala de tempo.

Pessoas de negócio e desenvolvedores devem trabalhar diariamente em conjunto por todo o projeto.

Construa projetos em torno de indivíduos motivados. Dê a eles o ambiente e o suporte necessário e confie neles para fazer o trabalho.

O método mais eficiente e eficaz de transmitir informações para e entre uma equipe de desenvolvimento é através de conversa face a face.

Software funcionando é a medida primária de progresso.

Os processos ágeis promovem desenvolvimento sustentável. Os patrocinadores, desenvolvedores e usuários devem ser capazes de manter um ritmo constante indefinidamente.

Contínua atenção à excelência técnica e bom design aumenta a agilidade.

Simplicidade--a arte de maximizar a quantidade de trabalho não realizado--é essencial.

As melhores arquiteturas, requisitos e designs emergem de equipes auto organizáveis.

Em intervalos regulares, a equipe reflete sobre como se tornar mais eficaz e então refina e ajusta seu comportamento de acordo. "

(Beck et all., 2001).
Disponível em: <http://www.agilemanifesto.org/iso/ptbr/principles.html>.
Acesso em: 01 mai. 2016.

2.4 Scrum

A metodologia Scrum é um framework composto de papéis, eventos, artefatos e regras que orientam como gerenciar projetos de forma ágil.
Segue abaixo uma imagem que representa bem o fluxo do Scrum:

Figura 4: Fluxo do Scrum.
(Innolution, LLC & Kenneth S. Rubin, 2010).
Disponível em: <http://springtimesoft.co.nz/agile-software-development-scrum/>.
Acesso em: 01 mai. 2016.

O Scrum possui três fases e, de forma resumida, o que ocorre é: Na *pregame phase* (pré-planejamento), o Product Owner entende com o cliente o que ele precisa, onde, em posse dessas informações, cria o Product Backlog, que é uma lista com todas as funcionalidades necessárias na forma macro. Com este artefato em mãos, iniciam-se os ciclos chamados de Sprint, que é a *game phase* (desenvolvimento), que funcionam da seguinte forma: reunião para definir as funcionalidades que serão construídas no ciclo corrente, construção das funcionalidades, reuniões diárias de acompanhamento, entrega das funcionalidades, análise da funcionalidade entregue em relação ao que o cliente deseja para verificar se há algum ajuste necessário no Product Backlog e análise dos processos do Scrum para verificar se há algo a ser melhorado. O post *game phase* (pós-planejamento) ocorre quando uma release é finalizada, que é quando se tem um produto pronto para ser apresentado para o cliente e independe da quantidade de sprints já realizadas (pode ser uma ou mais, vai depender dos marcos acordados).

Abaixo está outra imagem sobre o Scrum, onde esta contempla os principais "ingredientes" dele, sem levar em consideração o fluxo dos processos, onde irei passar maiores informações de cada um dos itens logo em seguida:

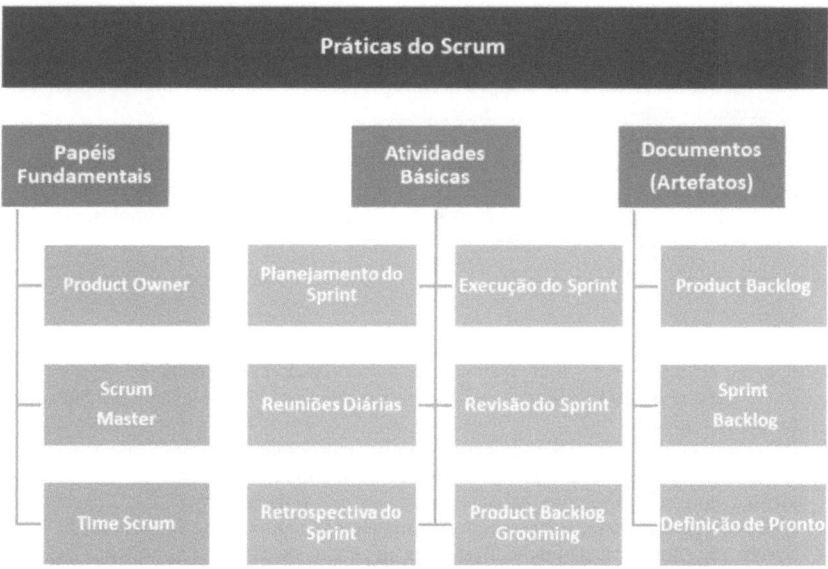

Figura 5: Papéis práticas e artefatos do Scrum.
(Denisson Vieira, 2014).
Disponível em: <http://www.mindmaster.com.br/scrum/>.
Acesso em: 01 mai. 2016.

2.4.1 Papeis fundamentais

PRODUCT OWNER:

Este personagem é o "dono do produto". É ele quem gerencia o backlog, priorizando a ordem da construção das funcionalidades e trabalhando para garantir que não haja dúvida quanto ao que tem que ser feito em cada uma das entregas para que o produto seja construído conforme foi acordado com o cliente.

Ele pode ser o próprio cliente, mas o ideal é que seja alguém da própria software house, que tenha visão do negócio do cliente e dos processos de sua empresa. Outros membros da equipe, tal como arquitetos de software, analistas de negócio, entre outros, podem opinar no desenvolvimento produto, mas a decisão final é do product owner. Na prática, ele é a interface entre o cliente e a software house.

SCRUM MASTER:

Este é o líder do projeto. É ele quem tem que "fazer acontecer", ajudando todos os integrantes da equipe através do follow up constante para verificar se há algum impedimento, decisão ou ação à ser tomada.

Além de conhecer bem o Scrum, para garantir que a equipe esteja aplicando corretamente todos os processos, é interessante que este personagem tenha também um bom conhecimento técnico, pois ele é o responsável pelo desenvolvimento do produto.

É importante salientar que este papel não anula o papel do gerente de projetos, pois, como o Scrum não aborda determinadas atividades no gerenciamento de projeto, estas ficam para o GP, tal como finanças, alocação de recursos, gestão de riscos, entre outras.

TIME SCRUM:

São os programadores, testadores, DBAs, designers e assim por diante. A ideia do Scrum é que a equipe seja auto gerenciável, onde os integrantes cumpram os compromissos assumidos e "levantem a bandeira" para o Scrum Master sempre que houver algo que possa impactar na sua entrega.

O indicado é que o time Scrum seja pequeno, de até 10 integrantes, onde, em conjunto, tenham as habilidades necessárias para produzir, com qualidade, o software. Caso a equipe seja maior que isto, é importante verificar a possibilidade de dividir em dois times ou mais.

2.4.2 Atividades básicas

PLANEJAMENTO DO SPRINT

No início de toda sprint há uma reunião Sprint Planning onde normalmente participa o product owner, Scrum Master e Scrum Team, e os principais objetivos são: definir quais funcionalidades listadas no Product Backlog serão implementadas na Sprint corrente, detalhar cada funcionalidade, esclarecer as possíveis dúvidas do Srum Team e estimar o esforço para as funcionalidades selecionadas, onde geralmente é feito através de Story Points (pontos de estórias).

EXECUÇÃO DO SPRINT

A execução da Sprint é o momento em que o Scrum Team constrói as funcionalidades que foram selecionadas na Sprint Planning.

REUNIÕES DIÁRIAS

Todos os dias durante a execução da Sprint há uma reunião de acompanhamento, chamada de Daily Scrum ou de Stand-Up Meeting, onde normalmente participa o Scrum Master e o Scrum Team.
A didática dela é que ocorra sempre no mesmo horário e que seja rápida, em média 15 minutos, onde os participantes fiquem em pé, justamente para forçar com que seja rápida.
Nela o Scrum Master normalmente faz três perguntas para cada membro da equipe, tal como:
- O que foi feito ontem?
- O que está planejado para hoje?
- Existe algum impedimento que possa impactar a entrega do planejado?
A ideia desta reunião é, além de verificar como está o andamento, fazer com que os membros da equipe assumam compromissos diante de seus colegas, gerando um senso de responsabilidade maior.

REVISÃO DO SPRINT

No final de cada Sprint ocorre a Sprint Review, onde participam o Scrum Master, Scrum Team e Product Owner com o intuito de analisar o produto que foi entregue, verificando se ele está condizente com as solicitações do cliente e se há algo que precisa ser ajustado no Product Backlog.

RETROSPECTIVA DO SPRINT

No final de cada Sprint, após a Sprint Review e antes da próxima Sprint Planning, é realizada a Sprint Retrospective, onde o que é analisado são os processos do Scrum que estão sendo utilizados para verificar se há algo a ser melhorado.

PRODUCT BACKLOG GROOMING

No final da Sprint, após o Sprint Retrospective e antes de realizar a próxima Sprint Planning, ocorre a Product Backlog Grooming, que é uma reunião onde o Scrum Team analisa os itens que estiverem no topo do Product Backlog, que são os sucessíveis a entrar na próxima Sprint, e levanta as dúvidas que eles tiverem para o Product Owner. Esta reunião é importante, pois ela faz com que o Product Owner possa se preparar para as possíveis dúvidas que seriam levantadas na Sprint Planning. É neste momento também que são realizados os ajustes nos itens do Product Backlog.

2.4.3 Documentos (artefatos)

PRODUCT BACKLOG

A lista com as funcionalidades à serem construídas, ordenadas de acordo com a prioridade das mesmas, chamada de Product Backlog. Ela possui as funcionalidades em sua forma macro e pode sofrer alterações no decorrer do projeto.

SPRINT BACKLOG

Durante a Sprint Planning é desenvolvido um documento chamado Sprint Backlog, que é uma lista detalhada com as atividades necessárias para construir e testar as funcionalidades que foram selecionadas do Product Backlog para serem entregues na Sprint corrente.

DEFINIÇÃO DE PRONTO

Existe um contrato entre o Scrum Team e o Product Owner que tem o intuito de aumentar a qualidade do produto que é entregue, chamado de DoD (Definition of Done).
Nele é documentado todos os pontos que precisam ser atendidos para que um produto seja entregue no final de cada Sprint, tal como:
- Aprovado pelo Product Owner.
- Teste unitário realizado.
- Teste de stress realizado.
- Documentação construída e atualizada no Intranet.
- Foi dado commit do código fonte no SVN.
Quando temos um DoD bem definido, há uma maior probabilidade dos produtos resultantes de cada Sprint tornarem-se Potentially Shippable Product, que são pacotes que já podem ser apresentados para o cliente para que ele navegue pelas novas funcionalidades, onde isto irá aproximar o cliente e fazer com que percebamos de forma mais rápida a necessidade de alterações no escopo do produto.

2.4.4 Ferramentas e métodos que auxiliam na gestão ágil

Existem também alguns métodos bem conhecidos no mercado que são utilizados para auxiliar no gerenciamento, que são:

KANBAN:

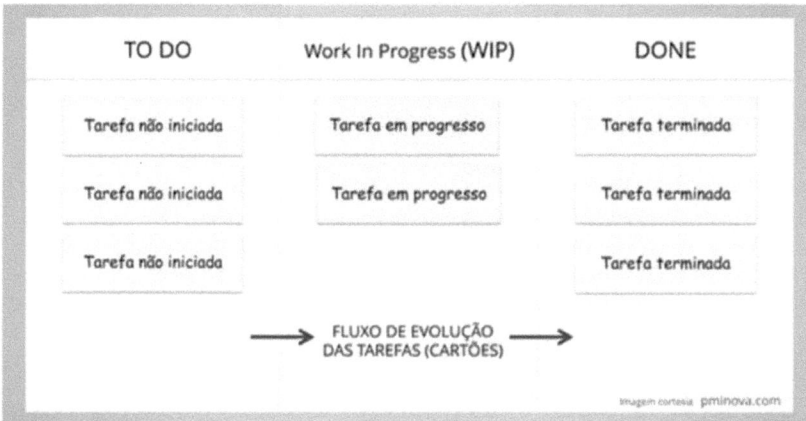

Figura 6: Kanban.
Disponível em: <http://www.devmedia.com.br/kanban-4-passos-para-implementar-em-uma-equipe/30218>.
Acesso em: 07 jun. 2016.

O método Kanban, um termo de origem japonesa e significa "cartão" ou "sinalização", que consiste na utilização de cartões (post-it), onde cada um representa uma atividade e ficam fixados num quadro com uma estrutura de "to-do", "doing" e "done", para indicar o andamento das atividades da Sprint.

BURNDOWN CHART:

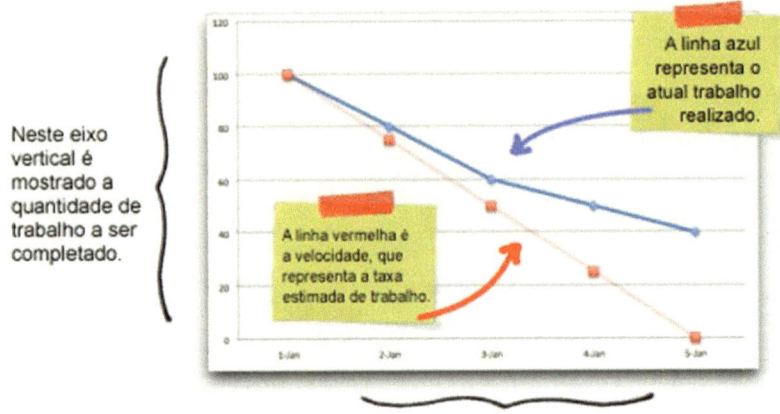

Neste eixo vertical é mostrado a quantidade de trabalho a ser completado.

A linha azul representa o atual trabalho realizado.

A linha vermelha é a velocidade, que representa a taxa estimada de trabalho.

As datas ou dias de execução ficam neste eixo

Figura 7: Burndown Chart.
Disponível em: <http://www.fabiocruz.com.br/outros/artefatos-scrum/>.
Acesso em: 07 jun. 2016.

O Burndown Chart é considerado um dos mais úteis para monitorar o progresso de um time ágil. Neste gráfico é representado a quantidade de trabalho que falta ser feito no eixo vertical versus o tempo no eixo horizontal.

2.5 Conciliando PMBOK® com Scrum

Nos tópicos acima passei informações sobre o Scrum e o guia PMBOK® (5ª edição do PMI). Neste, irei fazer um comparativo dos dois, identificando os processos que existem no Guia e não existem no Scrum, citando se há ou não benefício caso o mesmo seja conciliado, sem entrar no mérito de como ele deve ser aplicado no Scrum, pois isto é um tema que será abordado no capítulo seguinte.

Lembrando que os dados abaixo são opiniões pessoais, obtidas com os estudos realizados e experiências profissionais acumuladas na atuação da área de desenvolvimento de softwares. Estarei realizando este comparativo nos 47 processos do guia PMBOK® (5ª edição do PMI), onde a ordem dos processos que estarei apresentando para vocês será agrupada de acordo com as dez áreas de conhecimento:

INTEGRAÇÃO

O processo 4.1 do Guia PMBOK® (Desenvolver o Termo de Abertura do Projeto) não existe no Scrum. Nele (Scrum), o levantamento do escopo inicial é realizado, que é o backlog do produto, mas não existe um documento que formalize o início do projeto. Sendo assim, indicamos conciliar este processo no Scrum.

O processo 4.2 do Guia PMBOK® (Desenvolver o Plano de Gerenciamento do Projeto) existe no Scrum, pois este framework é composto de papéis, eventos, artefatos e regras que orientam como gerenciar o projeto.

O processo 4.3 do Guia PMBOK® (Orientar e Gerenciar o Trabalho do Projeto) existe no Scrum. A diferença é que, nele, o time tem maior liberdade na escolha das atividades que serão realizadas.

O processo 4.4 do Guia PMBOK® (Monitorar o Controlar o Trabalho do Projeto) existe no Scrum, onde o Scrum Master faz este trabalho analisando o resultado das Daily Scrum e o Product Backlog.

O processo 4.5 do Guia PMBOK® (Realizar o Controle Integrado de Mudanças) existe no Scrum, pois as alterações de backlog são naturais, visto que ele é definido de forma macro e vai sendo detalhado em cada Sprint. No Scrum, essas alterações normalmente ocorrem na Product Backlog Grooming, pois não se pode alterar o escopo da Sprint corrente, e precisam da aprovação do Product Owner.

O processo 4.6 do Guia PMBOK® (Encerrar o Projeto) não existe no Scrum. Nele, o final do projeto é marcado pela entrega da última sprint, mas não existe um documento que formalize o fim do projeto. Sendo assim, indicamos conciliar este processo no Scrum.

ESCOPO

O processo 5.1 do Guia PMBOK® (Planejar o Gerenciamento do Escopo) existe no Scrum, pois este framework é composto de papéis, eventos, artefatos e regras que orientam como gerenciar o projeto.

O processo 5.2 (Coletar os Requisitos) e o processo 5.3 do Guia PMBOK® (Definir o Escopo) existem no Scrum, pois desde o início o product backlog já é definido, mesmo que de forma macro, e vai sendo detalhado em cada Sprint, quando as atividades são selecionadas para execução, gerando o Sprint backlog.

O processo 5.4 do Guia PMBOK® (Criar o EAP) não existe no Scrum, mas não indicamos conciliar, pois uma das características mais fortes do gerenciamento de projetos com metodologias ágeis é a frequente mutação do escopo, o que geraria um grande esforço ficar recriando a EAP toda vez que houvesse uma alteração.

O processo 5.5 do Guia PMBOK® (Validar o Escopo) existe no Scrum e é feito no final de cada Sprint, onde as partes interessadas dão o aceite no produto entregue, que são os Potentially Shippable Product.

O processo 5.6 do Guia PMBOK® (Controlar o Escopo) existe no Scrum e é feito tanto nas Daily Scrum, garantindo que o backlog da Sprint não seja alterado, como no Product Backlog Grooming, que é a reunião onde normalmente ocorrem as alterações no backlog.

TEMPO

O processo 6.1 do Guia PMBOK® (Planejar o Gerenciamento do Cronograma) existe no Scrum, pois este framework é composto de papéis, eventos, artefatos e regras que orientam como gerenciar o projeto.

O processo 6.2 do Guia PMBOK® (Definir as Atividades) existe no Scrum, que é realizada desde o início do projeto, na construção do Product Backlog, e vai tendo sequência no início de cada Sprint, onde, na Sprint Planning de cada uma delas, é gerado um Sprint Backlog.

O processo 6.3 do Guia PMBOK® (Sequenciar as Atividades) existe no Scrum, que ocorre nas mesmas etapas do processo 6.2. A diferença é que, no PMBOK®, geralmente ambas estão sob responsabilidade do gerente de projetos e, no Scrum, geralmente o sequenciamento do Product Backlog é realizado pelo Product Owner, mas o sequenciamento das atividades da Sprint Backlog é realizado pelo time, visto que, o que eles precisam fazer é entregar todos os itens que foram selecionados para a Sprint no prazo acordado.

O processo 6.4 do Guia PMBOK® (Estimar os Recursos das Atividades) existe no Scrum, onde é realizado desde o início do projeto pelo Scrum Master, onde ele seleciona os integrantes da equipe que irão fazer parte do projeto.

O processo 6.5 do Guia PMBOK® (Estimar a Duração das Atividades) existe no Scrum, que é realizado no início de cada Sprint, na Sprint Planning, onde geralmente é utilizada a técnica de Story Points.

O processo 6.6 do Guia PMBOK® (Desenvolver o Cronograma) existe no Scrum, onde é realizado pelo Scrum Master e Product Owner, mas, diferente das práticas do PMBOK®, não geram documentos detalhados, geram apenas marcos do projeto, que são as entregas das Sprints. De qualquer forma, assim como a construção da EAP, também não indicamos a criação desses documentos com maior granularidade, tal como o gráfico de Gantt ou PERT, visto que o backlog em projetos ágeis sofrem frequentes alterações e isto geraria um maior esforço.

O processo 6.7 do Guia PMBOK® (Controlar o Cronograma) existe no Scrum, que é realizado nas Daily Scrum, garantindo que todo o Sprint Backlog selecionado para a Sprint corrente seja realizado no prazo acordado, que é um prazo fixo para todas as Sprints.

CUSTOS

Não existem práticas de gerenciamento de custos no Scrum. Sendo assim, indicamos a conciliação dos quatro processos desta área de conhecimento do Guia PMBOK® (7.1 - Planejar o gerenciamento de custos; 7.2 - Estimar os custos; 7.3 - Determinar o orçamento; 7.4 - Controlar os custos).

QUALIDADE

O processo 8.1 do Guia PMBOK® (Planejar o gerenciamento da qualidade) existe no Scrum, pois este framework é composto de papéis, eventos, artefatos e regras que orientam como gerenciar o projeto.

Os processos 8.2 (Realizar a garantia da qualidade) e 8.3 do Guia PMBOK® (Controlar a qualidade) existem no Scrum, onde este acompanhamento é feito nas Daily Scrum e, de forma mais completa, no final da Sprint, onde é utilizado o DoD (Definition of Done) para verificar se os produtos estão de acordo com a qualidade esperada.

RECURSOS HUMANOS

O processo 9.1 do Guia PMBOK® (Planejar o gerenciamento dos recursos humanos) existe no Scrum, pois este framework é composto de papéis, eventos, artefatos e regras que orientam como gerenciar o projeto.

Os processos 9.2 (Mobilizar a equipe do projeto) e 9.3 (Desenvolver a equipe do projeto) do Guia PMBOK® existem no Scrum, onde são realizados no pregame phase. A divisão dos papeis também é bem definida no Scrum (Scrum Master, Team e Product Owner).

O processo 9.4 do Guia PMBOK® (Gerenciar a equipe do projeto) existe no Scrum, que são realizadas nas Daily Scrum, onde são resolvidos os problemas (impedimentos) e é acompanhado o rendimento da equipe.

COMUNICAÇÕES

O Scrum, assim como as demais metodologias ágeis, preza pela interação entre os indivíduos e são bastante efetivos na comunicação. Exemplos disso são as Daily Scrum, onde a equipe se reúne todos os dias para passar o progresso das atividades e "levantar a bandeira" caso haja algo à ser resolvido, e, no final de cada Sprint, também há uma forte interação com o cliente, pois é apresentado o produto desenvolvido, que no caso é apenas uma parte do produto. Porém, não há documentação formalizando estes processos. Sendo assim, indicamos a conciliação dos três processos desta área de conhecimento do Guia PMBOK® (10.1 - Planejar o gerenciamento das comunicações; 10.2 - Gerenciar as comunicações; 10.3 - Controlar as comunicações).

RISCOS

Os únicos riscos geridos no Scrum são os que ficam sob responsabilidade do Scrum Master, que são os impedimentos do time, onde ele coleta essas informações na Daily Scrum. Também não há documentação formalizando este processo. Sendo assim, indicamos a conciliação dos seis processos desta área de conhecimento do Guia PMBOK® (11.1 - Planejar o gerenciamento dos riscos; 11.2 - Identificar os riscos; 11.3 - Realizar a análise qualitativa dos riscos; 11.4 - Realizar a análise quantitativa dos riscos; 11.5 - Planejar as respostas aos riscos; 11.6 - Controlar os riscos).

AQUISIÇÕES

Não existem práticas de gerenciamento de aquisições no Scrum. Sendo assim, indicamos a conciliação dos quatro processos desta área de conhecimento do Guia PMBOK® (12.1 - Planejar o gerenciamento das aquisições; 12.2 - Conduzir as aquisições; 12.3 - Controlar as aquisições; 12.4 - Encerrar as aquisições).

PARTES INTERESSADAS

Não existem práticas de gerenciamento das partes interessadas no Scrum. Porém, o único processo desta área de conhecimento que indico a conciliação é o 13.1 (Identificar as partes interessadas). Ao meu ver, os demais processos (13.2 - Planejar o gerenciamento das partes interessadas; 13.3 - Gerenciar o engajamento das partes interessadas; 13.4 - Controlar o engajamento das partes interessadas) não iriam agregar valor no gerenciamento de projetos de desenvolvimento de software de pequeno porte, pois a metodologia ágil já é composta de eventos e regras que orientam como manter os stakeholders engajados, sem a necessidade de documentos para formalizar este envolvimento com o cliente. Além disto, o processo 10.1 (Planejar o gerenciamento das comunicações) já agrega a formalização necessária que este framework estava precisando quanto ao envolvimento dos stakeholders. Sendo assim, oriento a utilização do processo 13.1 (Identificar as partes interessadas).

2.6 Aplicando os processos PMBOK® no Scrum

Neste capítulo estarei orientando como os processos do guia PMBOK®, que foram selecionados no capítulo anterior, devem ser aplicados no Scrum, indicando em qual momento do ciclo de vida eles devem ser realizados e apontando o responsável pela atividade, onde, com a entrada destes processos no Scrum, a figura do gerente de projetos passa a existir. Estarei ordenando a apresentação dos processos de acordo com as três fases do Scrum.

2.6.1 Pregame phase:

Processo 4.1 (Desenvolver o Termo de Abertura do Projeto):
- Aplicando no Scrum:
  Antes de iniciar o projeto o TAP (Termo de Abertura do Projeto - Project Charter) deve ser gerado, formalizando o início do projeto, onde o mesmo deve ser um documento simples e pequeno que contenha: justificativa do projeto, requisitos macro (product backlog), riscos macro, marcos do projeto, orçamento previsto, quem do cliente irá dar o aceite nas entregas, requisitos para aceite das entregas, gerente do projeto, responsabilidades e autoridades do GP, equipe necessária para o projeto (Scrum Master, Product Owner, programador, DBA, testador...), patrocinador e a autoridade do patrocinador.
- Responsável:
  Gerente do projeto.

Processo 13.1 (Identificar as partes interessadas):
- Aplicando no Scrum:
  Antes de começar o projeto, gerar um documento simples que contenha informações sobre as pessoas que possam influenciar no projeto, de forma positiva ou negativa, onde deve constar as seguintes informações: nome, posição na empresa, local de atuação, papel no projeto, contatos (telefone, email...), expectativa quanto ao projeto e grade de poder x interesse.
- Responsável:
  Gerente do Projeto e Product Owner.

Processo 10.1 (Planejar o gerenciamento das comunicações):
- Aplicando no Scrum:
  Antes de começar o projeto deve ser gerado um documento contendo as seguintes informações: quais informações serão distribuídas (status do progresso, riscos...), quem precisa receber cada informação, como as informações serão fornecidas (reuniões pessoais, conferências telefônicas, e-mail...), qual o nível de detalhe e formatação das informações (gráfico de burndown, quadro de tarefas, planilha de riscos...), quem fornecerá as informações e qual a frequência que elas precisam ser distribuídas.
- Responsável:
  Gerente do Projeto, Product Owner e Scrum Master.
Processo 11.1 (Planejar o gerenciamento dos riscos):

24

- Aplicando no Scrum:
  Antes do início do projeto deve ser desenvolvido um documento que contenha: os momentos que devem ocorrer as reuniões de gerenciamento de riscos, as pessoas que devem participar, em quais níveis de risco determinado stakeholder deve ser envolvido, as categorias dos riscos (técnicos, gerenciais, organizacionais, externos...), definições para cada nível de probabilidade e impacto, e o modelo de relatório de risco que deve ser utilizado para comunicação com os stakeholders.
- Responsável:
  Gerente do Projeto, Product Owner e Scrum Master.

Processo 12.1 (Planejar o gerenciamento das aquisições):
- Aplicando no Scrum:
  Antes de começar o desenvolvimento do projeto, deve ser realizada a análise make or buy dos itens do product backlog e deve ser criado um documento contendo informações sobre como gerenciar as aquisições (pacotes buy), onde o mesmo deve conter: os tipos de contrato que poderão ser usados (preço fixo, custo reembolsável, tempo e material...), restrições e premissas para as aquisições, documento padrão para contrato das aquisições, lista de fornecedores pré-qualificados, critério para seleção de fornecedores e o formato padrão para as declarações de trabalho por parte dos fornecedores.
- Responsável:
  Gerente do Projeto, Product Owner e Scrum Master.

Processo 7.1 (Planejar o gerenciamento de custos):
- Aplicando no Scrum:
  Antes de começar o desenvolvimento do projeto, deve ser criado um documento que descreva como os custos do projeto serão planejados, estruturados e controlados.
  A primeira área deste documento deve definir as unidades de custos do projeto para que o gerente do projeto possa, posteriormente, verificar quanto o projeto, Sprint, ou solicitação de mudança irá custar. Seguem os dados para esta parte do documento: item do custo (Scrum Master, Product Owner, desenvolvedor, testador, equipamentos, instalações...), unidades de medição (horas de trabalho, Story Points...), valor da unidade, nível de precisão (arredondamento para cima ou para baixo que será feito na estimativa do esforço que for entregue) e nível de exatidão (percentual aceitável de erro para a estimativa do esforço que for entregue).
  A segunda área deste documento deve conter informações referente a medição de performance usando as regras do gerenciamento de valor agregado (GVA), tais como: os itens do product backlog terão sua performance medida, as técnicas do GVA serão utilizadas, as metodologias de rastreamento e acompanhamento dos cálculos de valor agregado e os formatos dos relatórios de custos.
  Como podemos ver, essas são informações confidenciais e, portanto, devemos ter cuidado na distribuição.
- Responsável:
  Gerente do Projeto.

2.6.2 Game phase:

Processos 11.2 (Identificar os riscos), 11.3 (Realizar a análise qualitativa dos riscos), 11.4 (Realizar a análise quantitativa dos riscos), 11.5 (Planejar as respostas aos riscos) e 11.6 (Controlar os riscos):

- Aplicando no Scrum:
  A identificação, análise e controle dos riscos deve ocorrer constantemente, tanto no planejamento (pregame phase) como nas Daily Scrum, onde os riscos devem ser registrados num documento que contenha as seguintes informações: tipo (risco ou problema), data da identificação, categoria (técnico, gerencial, organizacional, externo...), nível de probabilidade, nível de impacto, descrição do impacto e resposta ao risco. Com estes dados podemos filtrar os riscos que devem ser distribuídos para os envolvidos, que são os que constam no documento gerado no processo 10.1 (Planejar o gerenciamento das comunicações).
- Responsável:
  No planejamento, o Gerente do Projeto, o Product Owner e o Scrum Master. Nas Daily Scrum, o Scrum Master.

Processos 7.2 (Estimar os custos) e 7.3 (Determinar o orçamento):

- Aplicando no Scrum:
  No *pregame* é realizada uma estimativa de custo, mas ela normalmente não é assertiva, pois nesta fase ainda não se tem as estimativas de esforço dos itens do *backlog* que são realizados pelo Time Scrum. O momento em que se terá uma precisão maior quanto ao custo é no decorrer da execução do projeto, mais precisamente após a execução da primeira Sprint, pois nesta etapa, além da estimativa já ter sido feita, o desempenho da equipe também terá sido medido. Sendo assim, como já terá as estimativas de esforço, basta aplicar sobre os itens de custos elencados no processo 7.1 (Planejar o gerenciamento de custos) para determinar o orçamento do projeto ou release.
- Responsável:
  Gerente do Projeto.

Processos 10.2 (Gerenciar as comunicações) e 10.3 (Controlar as comunicações):

- Aplicando no Scrum:
  Aqui você irá colocar em prática as comunicações (distribuição de informações) que foram definidas no processo 10.1 (Planejar o gerenciamento das comunicações), monitorando se elas estão sendo feitas da forma correta e se o impacto está sendo positivo.
- Responsável:
  Scrum Master.

Processo 7.4 (Controlar os custos):
- Aplicando no Scrum:
  Aqui você irá realizar a medição de performance usando as regras do gerenciamento de valor agregado (GVA) conforme descrito no documento gerado pelo processo 7.1 (Planejar o gerenciamento de custos).
- Responsável:
  Gerente do Projeto.

Processos 12.2 (Conduzir as aquisições) e 12.3 (Controlar as aquisições):
- Aplicando no Scrum:
  Aqui você irá realizar as contratações e monitorar o desenvolvimento dos itens que foram selecionados para serem terceirizados, usando como base de orientação o documento gerado pelo processo 12.1 (Planejar o gerenciamento das aquisições).
- Responsável:
  Gerente do Projeto.

2.6.3 Post Game

Processo 12.4 (Encerrar as aquisições):
- Aplicando no Scrum:
  Aqui iremos encerrar formalmente o contrato com os fornecedores terceirizados.
- Responsável:
  Gerente do Projeto.

Processo 4.6 (Encerrar o Projeto):
- Aplicando no Scrum:
  Aqui iremos encerrar formalmente o projeto, coletando as assinaturas nos termos de aceite das entregas.
- Responsável:
  Gerente do Projeto.

3. CONCLUSÕES

Com este trabalho concluímos que:

- Para escolher a metodologia de gerenciamento do projeto, o que deve ser feito é analisar o projeto que ela será aplicada, levando em consideração a complexidade, o tamanho da equipe, as restrições de prazo e custo, entre outros.
- Projetos de baixa complexidade, com equipes pequenas, com restrição de prazo e sem restrição de custo, se adéquam mais a metodologias ágeis.
- Conciliando alguns processos do guia PMBOK® no Scrum, agregamos valor ao framework, inserindo a gestão de aquisições, custos e riscos, melhorando a comunicação e distribuição de informações para os stakeholders e tornando o início e fim do projeto mais documentado e formalizado, sem ir contra os valores da metodologia ágil.
- Alguns processos do guia PMBOK® não existem no Scrum, mas, para o gerenciamento de projetos de software de pequeno porte, não são interessantes de serem utilizados.

4. REFERÊNCIAS BIBLIOGRÁFICAS

CRUZ, FÁBIO. **Scrum e PMBOK: Unidos no Gerenciamento de Projetos**. 2013.

BECK, K.; BEEDLE, M.; BENNEKUM, A. V.; COCKBURN, A.; CUNNINGHAM, W.; FOWLER, M.; GRENNING, J; HIGHSMITH, J.; HUNT, A.; JEFFRIES, R.; KERN, J.; MARICK, B.; MARTIN, R.C.; MELLOR, S.; SCHWABER, K.; SUTHERLAND, J; THOMAS, D. **Manifesto for Agile Software Development**. 2001.

KERZNER, H. R. **Project Management: A Systems Approach to Planning, Scheduling, and Controlling**. 11th Edition, 2013.

MARTIN, R. C. **Agile Software Development, Principles, Patterns, and Practices**. 2011.

PROJECT MANAGEMENT INSTITUTE. **A Guide to the Project Management Body of Knowledge: PMBOK(R) Guide**. 5th Edition, 2013.

RUBIN, KENNETH S. **Essential Scrum: A Practical Guide to the Most Popular Agile Process (Addison-Wesley Signature Series (Cohn))**. 1st Edition, 2012.

SCHWABER, KEN; SUTHERLAND, JEFF. **The Scrum Guide**. 2013.

XAVIER, CARLOS MAGNO DA SILVA. **Projetando com Qualidade a Tecnologia em Sistemas de Informação**. 1995.

XAVIER, CARLOS MAGNO DA SILVA. **Metodologia Simplificada de Gerenciamento de Projetos - Basic Methodware**. 2011.

YOUR KNOWLEDGE HAS VALUE

- We will publish your bachelor's and master's thesis, essays and papers

- Your own eBook and book - sold worldwide in all relevant shops

- Earn money with each sale

Upload your text at www.GRIN.com
and publish for free